Heads!
INTERNATIONAL

W0274346

Liebe Geschäftspartner, liebe Freunde,

Liebe Herr Hoc[illegible]

Veränderungen finden schneller statt denn je - manchmal muss man sie sich vor Augen führen.

Daniel Biskup, einer der bedeutendsten politischen Fotografen in Deutschland, zeigt uns Veränderung auf. Mit zum Teil sehr persönlichen Bildern stellt er nationale und internationale Zeitgeschichte und den Wandel Deutschlands, Europas und der Welt dar. Er begleitet vertrauensvoll seit vielen Jahren das Wirken maßgeblicher Politiker wie Helmut Kohl, Michail Gorbatschow, Barack Obama, Wladimir Putin oder auch Donald Trump sowie von führenden Unternehmern wie Jeff Bezos oder Mark Zuckerberg.

Sein neuester Bildband hält die politischen Stationen von Frau Dr. Angela Merkel fest, die dieses Jahr am 17. Juli ihren 65. Geburtstag feierte. Mit einzigartigen Bildern werden ihre ungeschminkten Anfänge als „Kohls Mädchen“ und ihr Weg zur international geschätzten Staatslenkerin zusammengefasst. Unabhängig von persönlichen politischen Grundhaltungen und nicht immer unumstrittenen Entscheidungen wird mit Frau Dr. Merkel national und international vor allem eines verbunden: Stabilität.

In einer Zeit, die mit grundlegenden Veränderungen in der internationalen Politik, der globalen Wirtschaftsordnung und auch unserem Verständnis für Nachhaltigkeit verbunden ist, wird uns immer bewusster, dass Stabilität und Frieden nicht mehr selbstverständlich sind.

Europa und Deutschland finden ihren Platz in dieser sich verändernden, zunehmend globalen und digitalen Welt neu. Unternehmen sind dabei, ihre Geschäftsmodelle immer schneller anzupassen, zum Teil radikal und nachhaltig umzubauen. In einer zutiefst imponierenden Weise wird unternehmerische Verantwortung wahrgenommen und der technologische Wandel unserer Wirtschaft und Gesellschaft unter dem neuen Stichwort „Customer Obsession“ oder kundenzentrierten und datengetriebenen Geschäftsmodellen gestaltet.

In dieser Umbau- und Innovationsphase sind viele wertvolle Gespräche im Rahmen einer Geschäftsbeziehung und darüber hinaus mit Ihnen und Euch entstanden. Mit diesem außergewöhnlichen Bildband möchte ich mich – erneut – für Ihr und Euer Vertrauen bedanken.

Es würde mich freuen, wenn Sie und Ihr Gefallen an diesem Buches findet. Es würde mich noch mehr freuen, wenn wir die Gelegenheit finden, die Gedanken, die dabei entstehen, auszutauschen.

Adrian Fischer

*Für Andrea, Helena
und Emilia*

Daniel Biskup

Angela Merkel

Aufnahmen von 1990 bis 2019

SALZ UND SILBER

Berlin-Ost, März 1990.

Pressekonferenz mit Dr. Bernd Findeis (links), Stellvertretender Vorsitzender des Demokratischen Aufbruchs (DA), und Rainer Eppelmann (Mitte) im Medienzentrum in der Kronenstraße. Der Pfarrer und Bürgerrechtler ist Mitglied der Volkskammer der DDR und Minister für Abrüstung und Verteidigung. Sie äußern sich zur Enttarnung des DA-Vorsitzenden Wolfgang Schnur als langjährigem Mitarbeiter der Staatssicherheit.

RASSISTISCHE POLITIKER
DEMONSTRIEREN
FÜR DEUTSCHE

Berlin, 8. November 1992.

Bei der Demonstration gegen Ausländerfeindlichkeit gehen auch Politiker und andere namhafte Personen auf die Straße: Dirigent Daniel Barenboim, der zu dieser Zeit die Berliner Philharmoniker leitet (vorne links), hinter ihm SPD-Politiker Rudolf Scharping, vorne Bundespräsident Richard von Weizsäcker und Familienministerin Angela Merkel.

Berlin, 8. November 1992.

Zusammen mit 350.000 Kundgebungsteilnehmern demonstrieren der Parlamentarische Staatssekretär Peter Hintze (links), Angela Merkel, Ignaz Bubis, Zentralratsvorsitzender der Juden in Deutschland (Mitte), und Helmut Kohl gegen Ausländerhass und Fremdenfeindlichkeit sowie für Toleranz und Menschenwürde.

Berlin-Ost, Mai 1993.

Bürgergespräch mit Angela Merkel. Sie ist zu dieser Zeit Bundesministerin für Frauen und Jugend und zudem Mitglied des Evangelischen Arbeitskreises der CDU. 1993 wird sie Landesvorsitzende von Mecklenburg-Vorpommern.

Bonn, 1994.

Angela Merkel wird zur Bundesministerin für Umwelt, Naturschutz und Reaktorsicherheit ernannt.
Ihre Nachfolgerin als Familienministerin ist Claudia Nolte.

Schleswig-Holstein, Januar 2000.

Gemeinsame Wahlveranstaltung mit Volker Rühe. Merkel ist Generalsekretärin der CDU.

Berlin, März 2000.

Berlin, März 2000.

Porträtserie für ein Interview mit der Welt am Sonntag kurz vor dem Bundesparteitag der CDU in Essen. Angela Merkel kandiciert dort für den Parteivorsitz.

Essen, 10. April 2000.

Angela Merkel wird auf dem 13. Parteitag der CDU mit 95,94 Prozent der Stimmen zur neuen Parteivorsitzenden gewählt.

ZU SA

Essen, 10. April 2000.

Essen, 10. April 2000.

Angela Merkel mit dem CDU/CSU-Fraktionsvorsitzenden im Bundestag, Friedrich Merz.

Berlin, Dezember 2000.

Aufnahmen für ein Interview der Welt am Sonntag
im Konrad-Adenauer-Haus.

Berlin, Dezember 2000.

Berlin, Dezember 2000.

Berlin, Oktober 2001.

Gemeinsame Wahlkampfveranstaltung mit Helmut Kohl für die Senatswahl. CDU-Spitzenkandidat für das Amt des Regierenden Bürgermeisters ist Frank Steffel.

Berlin, Oktober 2001.

Pressetermin am Breitscheidplatz während des Wahlkampfs zur Senatswahl.

Berlin, Oktober 2001.

Wahlkampfauftritt für den Spitzenkandidaten der Berliner CDU, Frank Steffel. Helmut Kohl und Angela Merkel treffen sich hinter der Bühne zu einem kurzen Gespräch.

Berlin, Oktober 2001.

Wahlkampfauftritt für den Spitzenkandidaten der Berliner CDU, Frank Steffel.

Frankfurt, 16. Juni 2002.

Mit 93,72 Prozent wird Angela Merkel auf dem 15. CDU-Parteitag als Parteivorsitzende bestätigt. In ihrer Rede greift Merkel die rot-grüne Koalition scharf an.

Frankfurt, 16. Juni 2002.

Jürgen Rüttgers, CDU-Landesvorsitzender und Oppositionsführer in Nordrhein-Westfalen, und Lorenz Meyer, Generalsekretär der CDU, applaudieren bei der Bekanntgabe des Ergebnisses.

Berlin, August 2002.

Auf der Feier des 60. Geburtstags von Friede Springer. Angela Merkel sitzt zwischen Verleger Hubert Burda (rechts) und Christoph Stölzl, dem Berliner Wissenschaftssenator (links).

Berlin, August 2002.

Angela Merkel mit Sabine Christiansen.

Berlin, August 2002.

Parteizentrale der Grünen.

Berlin, 2002.

Porträts auf der Terrasse des Büros der Fraktionsvorsitzenden der CDU/CSU. Im Hintergrund sind die Bauarbeiten am Marie-Elisabeth-Lüders-Haus zu sehen, dem dritten Parlamentsneubau an der Spree.

bundestags
wahl

Berlin, 22. September 2002.

Angela Merkel am Wahlabend der Bundestagswahl. Edmund Stoiber verliert das Duell gegen Gerhard Schröder, der die rot-grüne Regierungskoalition fortsetzt.

Berlin, 23. September 2002.

Angela Merkel tritt mit Edmund Stoiber am Tag nach der Bundestagswahl vor die Presse.

Zeit für Taten.
CDU

Berlin, 2002.

Berlin, Oktober 2002.

Im Büro der Fraktionsvorsitzenden der CDU/CSU im Deutschen Bundestag.

Berlin, Oktober 2002.

Im Büro der Fraktionsvorsitzenden der CDU/CSU
im Deutschen Bundestag.

Berlin, 2003.

Porträts auf der Terrasse des Büros der Fraktionsvorsitzenden der CDU/CSU mit Blick auf die Spree.

Berlin, 2004.

Im Büro der Fraktionsvorsitzenden der CDU/CSU.

Berlin, November 2004.

Angela Merkel im Café Einstein in der Kurfürstenstraße.

Berlin, April 2005.

Festakt zum 75. Geburtstag von Bundeskanzler Helmut Kohl
im Deutschen Historischen Museum.

Berlin, April 2005.

Angela Merkel mit dem britischen Premierminister John Major während der Festveranstaltung zu Helmut Kohls 75. Geburtstag.

Berlin, 28. Juni 2005.

Bundeskanzlerin Angela Merkel trifft Helmut Kohl
auf dem Bild-Sommerfest.

Berlin, 18. September 2005.

Angela Merkel am Wahlabend der Bundestagswahl. Die Union aus CDU und CSU gewinnt die vorgezogenen Neuwahlen und bildet zusammen mit der SPD die zweite Große Koalition in der Geschichte der Bundesrepublik.

Hochrechnung
Gewinne / Verluste
SPD
CDU/CSU
Grüne
FDP
Linke. PDS
And.
33,6
35,9
8,4
SPD
CDU/CSU
Grüne
WAHL 2005

Berlin, 19. September 2005.
Frühstück mit Edmund Stoiber am Tag nach der Bundestagswahl.

Berlin, 19. September 2005.
CDU-Bundespräsidiumssitzung am Tag nach der Bundestagswahl im Konrad-Adenauer-Haus. Angela Merkel im Gespräch mit Wolfgang Schäuble, dem stellvertretenden CDU/CSU-Fraktionsvorsitzenden.

Berlin, 23. November 2005.

Angela Merkel in ihrem Büro im Kanzleramt am Tag nach ihrer Wahl zur Bundeskanzlerin. Sie sitzt an ihrem Schreibtisch, den sie später allerdings nur noch selten nutzen wird. Sie arbeitet lieber am Besprechungstisch.

Berlin, 23. November 2005.

Am Tag nach der Wahl zur Bundeskanzlerin.

München, 2006.

Papst Benedikt XVI. empfängt Bundeskanzlerin Angela Merkel zum persönlichen Gespräch im Erzbischöflichen Palais.

Berlin, 22. Februar 2006.

Auf der Terrasse des Bundeskanzleramts mit Blick auf den Reichstag. Auf Einladung von Angela Merkel besucht Helmut Kohl zum ersten Mal das neue Bundeskanzleramt, dessen Konzeption er ausgeschrieben hatte.

Berlin, 22. Februar 2006.

Auf der Terrasse des Bundeskanzleramts.

Berlin, 22. Februar 2006.

Im Bundeskanzleramt. Angela Merkel und Helmut Kohl im Kabinettssaal.

Berlin, 22. Februar 2006.

Angela Merkel und Helmut Kohl auf dem Weg ins Büro der Bundeskanzlerin.

Berlin, 22. Februar 2006.

Vier-Augen-Gespräch im Büro der Bundeskanzlerin.

Berlin, 22. Februar 2006.

Angela Merkel und Helmut Kohl vor einem Porträt ihres Vorgängers Konrad Adenauer im Bundeskanzleramt.

Berlin, 22. Februar 2006.

Angela Merkel und Helmut Kohl im Atrium des Bundeskanzleramts.

Berlin, Juli 2006.

Auf der Terrasse des Bundeskanzleramts.

Berlin, Juli 2006.

Auf der Terrasse des Bundeskanzleramts.

Berlin, Juli 2006.

Auf der Terrasse des Bundeskanzleramts.

Berlin, Juli 2006.

Angela Merkel im Atrium des Kanzleramts.

Berlin, Juli 2006.

Angela Merkel am Besprechungstisch in
ihrem Büro – ihr Arbeitsplatz im Kanzleramt.

Berlin, Juli 2006.

Angela Merkel am Besprechungstisch. Den großen Schreibtisch in ihrem Büro nutzt sie nur selten.

Berlin, 2006.

Diesmal ein anderer Blick: Bunte-Chefredakteurin Patricia Riekel bittet Daniel Biskup um ein privates Bild von Angela Merkel. Er nutzt dafür die Wohnzimmeratmosphäre des Büros.

Dresden, Oktober 2006.

Ein Harmoniumspieler begrüßt Angela Merkel mit Handkuss vor dem Residenzschloss, dem Sitz der Staatlichen Kunstsammlungen Dresden.

Dresden, Oktober 2006.

Bundeskanzlerin Angela Merkel und der russische Staatspräsident Wladimir Putin besuchen Dresden. Sie enthüllen gemeinsam das Dostojewski-Denkmal zwischen dem Sächsischen Landtag und dem Internationalen Kongresszentrum (ICD).

Dresden, Oktober 2006.

Angela Merkel gemeinsam mit Wladimir Putin und Michail Gorbatschow während des Petersburger Dialogs.

Berlin, 2007.

Bundeskanzlerin Angela Merkel vor ihrem Büro.

Berlin, 10. Juli 2007.

Angela Merkel, Thomas de Maizière, Frank-Walter Steinmeier, Oda Jaune und Franz Müntefering begrüßen Altkanzler Gerhard Schröder im Bundeskanzleramt zur offiziellen Übergabe des Kanzlerporträts, das Jörg Immendorff von Gerhard Schröder gemalt hat.

Berlin, 10. Juli 2007.

Altkanzler Gerhard Schröder und Angela Merkel mit Oda Jaune, Ehefrau von Jörg Immendorff.

München, 29. Juli 2007.

Auf dem Parteitag der CSU gratuliert Angela Merkel dem scheidenden Ministerpräsidenten Edmund Stoiber mit einer sehr persönlichen und unterhaltsamen Rede zu seinem 66. Geburtstag.

SAR

North Pole 3 hrs. 15 min.
Los Angeles
New York 4 hrs.
Moscow 5 hrs. 20 min.
Tokyo 10 hrs. 05 min.
Frankfurt

Grönlandreise, August 2007.

Angela Merkel sieht sich mit Interesse die Fotos vom heutigen dpa-Cheffotograf Michael Kappeler an.

Jack
Wolfskin

Grönlandreise, August 2007.

Angela Merkel mit Umweltminister Sigmar Gabriel.

SAR

Berlin, 2007.

Sir Bob Geldof interviewt Bundeskanzlerin Angela Merkel für die Bild-Zeitung.

Berlin, 2008.

Porträtserie im Büro des Bundeskanzleramts.

Berlin, 2008.

Porträtserie im Büro des Bundeskanzleramts.

Berlin, 2008.

Porträtserie im Büro des Bundeskanzleramts.

Berlin, 2008.

Porträtserie im Büro des Bundeskanzleramts.

Hamburg, 2008.

Angela Merkel zu Besuch in der Bild-Redaktion.

Hamburg, 2008.

Angela Merkel im Aufzug mit dem Regierungssprecher Ulrich Wilhelm (links) und Kai Diekmann, Bild-Chefredakteur (rechts).

Hamburg, 2008.

Angela Merkel zwischen Kai Diekmann (rechts) und Jörg Quoos, dem stellvertretenden Bild-Chefredakteur (links).

Hamburg, 2008.

Kai Diekmann überreicht Angela Merkel eine Titelseite.

Hamburg, 2008.

Angela Merkel vor dem Bild-Bild des Künstlers Jens Lorenzen.

Berlin, März 2009.

Porträttermin für Die Zeit. Angela Merkel in ihrem Büro im Bundeskanzleramt.

Berlin, 28. September 2009.

Im Bundeskanzleramt, im Hintergrund der Reichstag.

Ludwigshafen-Oggersheim, 2009.

Privater Besuch bei Bundeskanzler a.D. Helmut Kohl vor der Bundestagswahl 2009.

Ludwigshafen-Oggersheim, 2009.

Angela Merkel und Helmut Kohl auf der Terrasse seines Privathauses.

Berlin, 2009.

Am Tag nach der Bundestagswahl im Konrad-Adenauer-Haus.

Berlin, 2009.

Konrad-Adenauer-Haus, Bundestagswahl 2009. Ange a Merkel mit Ronald Pofalla, den sie nach der Wahl zum Bundeskanzleramtsminister ernennt.

Bild
Merkel hat 'nen Neuen!
Bild
So haben Sie unsere Kanzlerin noch nie gesehen
Vom süßen Teenager zur mächtigsten Frau der Welt

Bundeskanzleramt, Berlin, 2009.

Bild-Chefredakteur Kai Diekmann filmt Bundeskanzlerin Angela Merkel während eines Interviews.

Berlin, 2009.

In Angela Merkels Büro im Kanzleramt.

Berlin, 2009.

Passau, 2009.

Bundeskanzlerin Angela Merkel bei einer Veranstaltung der Passauer Neuen Presse.

Berlin, 13. November 2009.

Angela Merkel auf den Stufen vor ihrem Büro im Bundeskanzleramt (links) und in ihrem Büro (rechts).

Potsdam, Oktober 2010.

Angela Merkel bei einer Ausstellungseröffnung von Anselm Kiefer in der Villa Schöningen, zusammen mit Springer-Vorstand Matthias Döpfner (Mitte) und Maler, Bildhauer und Grafiker Georg Baselitz (links).

Potsdam, Oktober 2010.

Angela Merkel mit Anselm Kiefer.

Berlin, 2010.

In Angela Merkels Büro im Bundeskanzleramt.

Potsdam, 2010.

Die Bundeskanzlerin besucht eine Ausstellung über die Grenzanlagen bei Potsdam in der Villa Schöningen.

Ludwigshafen, 2010.

Angela Merkel bei der Festveranstaltung zu Helmut Kohls 80. Geburtstag.

Ludwigshafen, 2010.

Außenminister Guido Westerwelle, Bundeskanzlerin Angela Merkel, Maike Kohl-Richter, Helmut Kohl, Bundestagspräsident Norbert Lammers, Bundespräsident Horst Köhler (von links).

Ludwigshafen, 2010.

Bei der Festveranstaltung zu Helmut Kohls 80. Geburtstag trifft Angela Merkel auch dessen Enkel Johannes Volkmann.

Berlin, 2010.

Bundeskanzlerin Angela Merkel und ihr Mann Joachim Sauer treffen Helmut Kohl und seine Frau Maike Kohl-Richter vor der offiziellen Feier der Deutschen Einheit im Bundestag.

Vor dem Reichstag, Berlin, 2010.

Festveranstaltung zur Deutschen Einheit.

Vor dem Reichstag, Berlin, 2010.

Angela Merkel mit Helmut Kohl, Maike Kohl-Richter und Bundestagspräsident Norbert Lammert (links).

Berlin, 2010.

Festveranstaltung der CDU zum 20. Jubiläum der Deutschen Einheit.

Berlin, März 2011.

Bundeskanzlerin Angela Merkel begleitet Michail Gorbatschow zu seiner Sonderausstellung „Aus dem Familienalbum" anlässlich seines 80. Geburtstags im Museum „The Kennedys" am Pariser Platz.

Washington, D.C., 8. Juni 2011.

Angela Merkel wird von US-Präsident Barack Obama mit der *Medal of Freedom* geehrt.

Berlin, 27. September 2012.

Angela Merkel präsentiert die Sonder-Briefmarke zu Ehren Helmut Kohls.
Das Porträtfoto auf der Briefmarke stammt von Daniel Biskup.

Berlin, 29. September 2012.

Altkanzler Helmut Kohl besucht die Bundestagsfraktion: Gerda Hasselfeldt, Vorsitzende der CSU-Landesgruppe und 1. Stellvertretende Vorsitzende der CDU/CSU-Fraktion im Deutschen Bundestag, Angela Merkel und Volker Kauder, Fraktionsvorsitzender der CDU/CSU, applaudieren (von links).

Berlin, 2013.

Porträt für ein Interview mit der ADAC Motorwelt.

Berlin, Juni 2013.

Empfang des Axel-Springer-Verlags für Henry Kissinger zu dessen 90. Geburtstag. Angela Merkel begrüßt den ehemaligen US-Außenminister im Journalistenclub. Im Hintergrund Altbundeskanzler Helmut Schmidt.

Berlin, Juni 2013.

Viele deutsche Spitzenpolitiker und Gäste gratulieren Henry Kissinger: der ehemalige Außenminister Hans-Dietrich Genscher, Außenminister Guido Westerwelle, Bundeskanzlerin Angela Merkel, Journalist, Verleger und Diplomat Lord George Weidenfeld, Altbundeskanzler Helmut Schmidt, der ehemalige Bundespräsident Richard von Weizsäcker, Henry Kissinger (von links).

Berlin, 19. Juni 2013.

US-Präsident Barack Obama zu Besuch in Berlin.

Berlin, 19. Juni 2013.

US-Präsident Barack Obama zu Besuch in Berlin.

Augsburg, 17. September 2013.

Der Wahlkampf führt Bundeskanzlerin Angela Merkel nach Augsburg.

Berlin, 2. Juli 2014.

Angela Merkel mit Verlegerin Friede Springer.

Kiew, 23. August 2014.

Angela Merkel zu Besuch in der Ukraine bei Präsident Petro Poroschenko. Seit Ausbruch des Konflikts vermittelt Angela Merkel zwischen Russland und der Ukraine.

Berlin, 2016.

Bei einem Interview der Südwest Presse.

Straßburg, 1. Juli 2017.

Trauerfeier für Helmut Kohl. Bundeskanzlerin Angela Merkel nimmt am Sarg Abschied.

Straßburg, 1. Juli 2017.

Angela Merkel kondoliert der Witwe Maike Kohl-Richter.

Straßburg, 1. Juli 2017.

Im Gespräch mit Bill Clinton. Im Hintergrund der russische Ministerpräsident Dmitri Medwedew und Frankreichs Staatspräsident Emmanuel Macron (von links).

In Liebe
Deine Maike

Berlin, 15. August 2017.

Angela Merkel bei einem Interview für die ADAC Motorwelt.

Berlin, 15. August 2017.

Friede Springers 75. Geburtstag. Bundeskanzlerin Angela Merkel mit Gloria von Thurn und Taxis.

Berlin, 15. August 2017.

Mit Berlins ehemaligem Regierenden Bürgermeister Klaus Wowereit.

Berlin, 4. September 2017.

Bild-Sommerfest. Angela Merkel im Gespräch mit dem syrischen Flüchtling Feras Rashid und seiner Frau Nazly Mustafa.

Berlin, 4. September 2017.

Im Gespräch mit Starkoch Alfons Schuhbeck.

Berlin, 4. September 2017.

Mit Schauspieler Armin Müller-Stahl.

Berlin, 4. September 2017.

Berlin, 4. September 2017.

Angela Merkel mit Verteidigungsministerin Ursula von der Leyen.

Fritzlar, 21. September 2017.

Angela Merkel beim Wahlkampfauftritt.

Voll muttiviert.
Angela Merkel

Berlin, 16. August 2018.

Augsburg, 27. September 2018.

Angela Merkel im Gespräch mit Augsburger Allgemeine-Chefredakteur Gregor Peter Schmitz.

Augsburger Allgemeine
Alles was uns bewegt

Chemnitz, 16. November 2018.

Angela Merkel besucht Chemnitz zum ersten Mal nach dem Mord an Daniel Hillig und den darauffolgenden Ausschreitungen im Sommer 2018. Die Bundeskanzlerin trifft die Niners, die Chemnitzer Basketballmannschaft, und nimmt anschließend an einer Leserdiskussion mit der Chemnitzer Tageszeitung Freie Presse teil.

99 NINERS ACADEMY
99 NINERS ACADEMY
molten

Hamburg, 7. Dezember 2018.

31. Parteitag der CDU. Angela Merkel bei ihrer letzten Rede als CDU-Parteivorsitzende.

Hamburg, 7. Dezember 2018.

Totengedenken. Angela Merkel verliest die Namen der verstorbenen Funktionsträger in der CDU.

Hamburg, 7. Dezember 2018.

Angela Merkel wird von den Delegierten mit lang-
anhaltendem Applaus als Parteichefin verabschiedet.

Zusammenführen.
Und zusammen führen.
Danke Chefin.
Danke Chefin.
Danke Chefin.
Danke Chefin.
Danke Chefin.
Danke Chefin

CDU

Hamburg, 7. Dezember 2018.

Angela Merkel war über 18 Jahre Parteivorsitzende der CDU.
Im selben Zeitraum hatte die SPD zwölf Parteivorsitzende.

Hamburg, 7. Dezember 2018.

Annegret Kramp-Karrenbauer löst Angela Merkel als CDU-Parteivorsitzende ab.

CDU Deutschlands
CDU

Hamburg, 7. Dezember 2018.

zusammen führen.
CDU

München, 24. Mai 2019.

Offizieller Wahlkampfabschluss der EVP zur Europawahl. Von links: CDU-Vorsitzende Annegret Kramp-Karrenbauer, Spitzenkandidat der EVP für das Amt des Kommissionspräsidenten, Manfred Weber, Angela Merkel.

München, 24. Mai 2019.

Angela Merkel stellt sich in ihrer Rede hinter Manfred Weber und unterstützt seine Kandidatur für das Amt des Kommissionspräsidenten.

München, 24. Mai 2019.

Angela Merkel mit Lech Walesa, der auf der Abschlussveranstaltung der EVP zum Kampf gegen Populisten und Demagogen aufruft. Von 1980 bis 1990 ist er Vorsitzender der Gewerkschaft Solidarnosc, die entscheidend an der politischen Wende 1989 in Polen und im gesamten Osteuropa beteiligt war. 1990 wird Lech Walesa zum Staatspräsidenten Polens gewählt. Das Amt bekleidet er bis 1995. 1993 erhält er den Friedensnobelpreis.

Danksagung

Ohne die Aufträge vieler Zeitungen wäre dieses Buch nicht möglich gewesen. Ich möchte mich deshalb ganz herzlich bei Kai Diekmann bedanken, der mir zuerst als Chefredakteur der Welt am Sonntag und später bei Bild immer wieder vertraut hat. Bedanken möchte ich mich auch bei Patricia Riekel (Bunte), Giovanni di Lorenzo (Die Zeit), Michael Ramstetter (ADAC Motorwelt), Martin Kunz (ADAC Motorwelt), Ulrich Becker (Südwest Presse) und Claus Strunz (Bild am Sonntag).

Ganz herzlich danken möchte ich Andrea Wintermayr, die auch bei diesem Buch wieder alles souverän und ruhig im Blick hatte. Claire Rajkay möchte ich für die Kreativität bei der Gestaltung des Buches danken. Meinem Verleger Christian Hutter danke ich für sein großes Engagement bei der Realisierung unseres sechsten Buches.

Ohne das Engagement meiner großzügigen Sponsoren wäre das Buch nicht möglich gewesen. Ich möchte mich deshalb ganz herzlich bei Stephan Deurer von Eco Office, Stefan Voges und Eckhard Stiegele von Hansa Real Estate, Olga und Max Böhler, Christoph Kemmerling, Adrian Fischer von Heads International, Maria Löffler und Erwin Kistler vom Konzertbüro Augsburg, Daniel Ziegert und Michael Ramroth von Nikon und Stefan Kober, Raymond Kober und Klaus Weinmann von Primepulse bedanken.

Meiner Frau Andrea Steichele-Biskup möchte ich für die Hilfe und Unterstützung nicht nur bei diesem Buch danken.

Kontakt zum Verlag
info@salzundsilber.de

Bibliographische Information der Deutschen Nationalbibliothek
Die Deutsche Nationalbibliothek listet dieses Buch in der Deutschen Nationalbibliograhpie; detaillierte Bibliographische Angaben unter www.dnb.de

ISBN: 978-3-9820207-3-0

Dieses Buch wird unterstützt von:

Impressum

Salz und Silber Verlag
Annastraße 3, 86150 Augsburg
www.salzundsilber.de

Produziert und herausgegeben von der
Hutter und Donner GmbH
Annastraße 3, 86150 Augsburg
www.hutterunddonner.de

Fotografien
Alle Bilder © Daniel Biskup

Projektleitung und Text
Andrea Wintermayr

Art Direktion und Satz
Claire Rajkay

Lektorat
Nina Probst

Repro und Druckvorstufe
Gebhardt Reproduktion, Berlin

Druck
NONPAREL d.o.o, Slowenien
www.nonparel.si